하나님의 말씀은…

네비게이토 선교회는
국제적이며 복음적인 기독교 기관이다.
예수 그리스도께서는 자기를 따르는 자들에게
"너희는 가서 모든 족속으로 제자를 삼으라"
(마태복음 28:19)는 지상사명을 주셨다.
네비게이토 선교회는 세계 모든 국가에서
예수 그리스도의 일꾼들을 배가시켜
이 지상사명의 성취를 돕는 것을
근본 목표로 하고 있다.

네비게이토 출판사는
네비게이토 선교회의 문서 선교를 담당하고 있다.
본 출판사에서는 그리스도인의 영적 성장을 돕는
서적과 자료들을 출판하여,
그리스도인의 삶의 기초가 견고한
헌신된 제자로 성장하게 하고,
나아가 성숙한 인격과 지도력을 갖춘
일꾼이 되도록 돕고 있다.

저자 : 하 진 승
한국 네비게이토 선교회 원로 회장

하나님의 말씀은…

하 진 승

네비게이토 출판사
TO KNOW CHRIST AND TO MAKE HIM KNOWN

차 례

하나님의 말씀은…

> 여호와의 율법은 완전하여 영혼을 소성케 하고, 여호와의 증거는 확실하여 우둔한 자로 지혜롭게 하며, 여호와의 교훈은 정직하여 마음을 기쁘게 하고, 여호와의 계명은 순결하여 눈을 밝게 하도다. (시편 19:7-8)

일상적인 대화를 할 때든지 혹은 전도를 하면서 사람들과 이야기를 나누다 보면 많은 사람들이 성경 말씀을 하나님의 말씀으로 믿지 못하고 있는 것을 발견하곤 합니다. 많은 사람들이 집에 성경을 가지고 있기는 하지만 읽어 본 사람은 많지 않습니다. 혹은 성경을 읽는다고 해도 단지 성경을 하나의 참고서처럼 보는 사람들이 많습니다. 그리하여 어떤 사람은 필요한 역사적 자료를 얻기 위하여 성경을 보기도 하고, 어떤 사람은 문학의 참고 자료로 성경을 보기도 합니다. 사람에 따라서는 성경을 도

덕적인 가르침을 주는 책으로만 보기도 하고, 또는 어떤 종교적인 의식을 진행하는 데 필요한 책 정도로 생각하는 사람도 있습니다. 물론 성경에는 이런 여러 분야의 참고 자료가 될 만한 내용들이 충분히 들어 있는 것이 사실입니다. 그러나 이 모든 것보다도 중요한 것은, 성경은 영원한 생명을 주는 진리의 말씀이라는 사실을 믿고 성경을 대해야 한다는 것입니다.

그런데 더욱 안타까운 것은 그리스도인들 중에도 이 성경 말씀을 하나님이 원하시는 수준 그대로 믿고 사는 사람들이 의외로 많지 않다는 점입니다. 하나님께서는 우리가 성경에 나오는 모든 진리의 말씀이 하나님이 우리에게 주신 선물임을 믿기를 원하십니다. 또 하나님께서는 우리가 그 말씀의 약속을 믿고 주장하며 또한 그 말씀을 자신의 삶에 적용하며 살기를 원하십니다. 그러나 많은 사람들은 그런 삶을 살지 못하고 있습니다. 왜 사람들이 하나님이 원하시는 수준대로 성경 말씀에 권위를 두지 못하고 있겠습니까?

그 큰 이유 중의 하나는 이 성경 말씀을 하나님께서 쓰셨다는 사실을 그대로 믿지 않는 데에 있다고 봅니다. 이를테면 성경 말씀을 마치 하나님을 잘 믿는 몇몇 사람들이 자신들의 의견을 정리하여 기록해 놓은 것 정도로 생각하기 때문에 그럴 수도 있습니다. 그러나 성경은 결단코 사람의 생각이나 의견을 적은 것이 아니라 하나님께서 쓰신 하나님의 말씀이며, 그 안에는 우리들을 향한 하나님의 관심과 뜻과 교훈 및 앞으로 될 일과 우리에게 주신 축복의 약속들로 가득 차 있습니다. 이 말씀 안에는 어디에서도 찾아볼 수 없는 최고의 가치를 지닌 내용들로 가득 차 있습니다. 그러므로 사실상 우리가 잘못된 선입견이나 편견 없이 받아들이기만 한다면, 성경에 나타난 충분한 근거들로 인하여 성경이 하나님이 쓰신 말씀임을 믿는 것은 쉬운 일일 것입니다.

성경의 신뢰성

성경 말씀은 약 1,500여 년에 걸쳐서 40여 명이나 되는 많은 저자들에 의하여 쓰여진 책입니다. 여기에는 실로 우주와 그 속에 있는 만물들과 인간에 관한 이야기들이 참으로 다양하게 기록되어 있습니다. 그런데 놀라운 것은, 신약은 물론이거니와 구약까지도 포함한 전체 성경의 핵심적인 내용이 인간의 어떤 윤리 도덕이나 문학, 또는 법률이나 역사의 자료가 아니라 바로 예수 그리스도와 그의 구속 사역에 초점이 맞춰져 있다는 사실입니다. 성경 말씀이 그처럼 오랜 세월에 걸쳐서 수십 명의 다양한 기록자들을 통하여 쓰여졌기에 상당히 큰 시간적 공간적 격차가 있음에도 불구하고 주제의 일관성과 통일성이 있는 것은 우리에게 신비로움과 크나큰 신뢰감을 줍니다. 이런 점에서 우리는 성경 말씀이 하나님의 초자연적인 섭리에 의하여 기록된 하나님의 말씀인 것을 믿을 수 있는 것입니다. 이와 연관하여 몇 가지 점들을 함께 생각해 보도록 하겠습니다.

1. 시대를 초월한 주제의 통일성

우리는 먼저 성경이 기록된 시대적 차이에 대하여 생각해 볼 필요가 있습니다. 오늘날 우리들의 세대에서는 기성세대와 젊은 세대와의 대화에도 간격이 있는 것을 봅니다. 부모와 자녀 간에, 그리고 스승과 제자 간에 의견의 차이가 있으며, 국민과 정부 간에도 의견의 차이가 있는 것을 보게 됩니다. 옛날이나 오늘날이나 마찬가지입니다. 학원이나 직장 내에서 분규가 일어나는 이유 중의 하나도 서로간의 생각에 조화를 이루지 못하고 서로가 이해할 수 있는 공통점을 찾지 못하는 데 있는 것입니다.

기성세대는 젊은이들의 생각이나 주장하는 내용이 무엇인지 잘 파악하지 못할 때가 있고, 젊은이들은 어른들이나 그 밖의 기성세대가 품고 있는 생각이나 경험들을 잘 이해하지 못하는 경우가 많습니다. 경영자와 근로자들 간에도 서로의 관심과 이해의 차이가 너무나도 크기 때문에 결국 분규가 일어나곤 합니다. 이런 때 중간에서 서로의 이해의 차이를 좁혀 줄 수 있는 다리 역할의 필요성을 절실히 느끼곤 합니다. 그 기성세대와 젊은 세대와의 연령 차이라고 하는 것은 기껏해야 10년 내지 20년 정도의 차이밖에 되지 않으며, 사실은 동시대에 살고 있는 것입니다. 그럼에도 불구하고 서로 잘 통하지 않는 때가 많은 인간 사회를 볼 때 우리는 답답함을 느끼게 됩니다.

이런 점을 감안할 때 전체 성경의 각 책이 기록된 1,500여 년이라는 시대적 차이는 엄청난 것입니다. 이처럼 엄청난 시대적 차이를 두고 쓰여진 말씀인데도 성경 각 부분의 기록자들은 예수님께 초점을 맞추고 그에 대한 동일한 믿음을 가지고 그가 그리스도이심을 일관되게 증거하고 있는 것입니다. 비록 표현 방식, 문체, 배경은 다르더라도 그들은 각자 서로 다른 측면에서 예수 그리스도를 나타내 주고 있는 것입니다. 10년이나 20년 또는 100년의 차이도 아니고 1,500여 년이라는 긴 세월을 거치면서 쓰여진 이 책들이 서로 이와 같이 신비로운 통일성을 가지고 있다는 사실은, 이것이 단순한 인간의 기록이 아니라 하나님의 말씀인 것을 명백히 증거해 주는 것입니다.

같은 언어와 문화권 가운데서, 또한 동시대에 살면서도 서로 충분한 이해가 없는 경우가 많고, 때로는 수많은 시간을 함께 보내는 부모와 자식 간에도 서로 사고와 의견에 심각한 괴리가 있을 때가 허다한 것이 인간 사회인데, 성경에서 각 책의 기록이 이처럼 긴 시대의 차이가 있음에도 불구하고 일치성이 있는 것은 참으로 놀라운 일입니다. 이 한 가지만 보더라도 성경은 하나님께서 역사하심으로 쓰여진 책이라는 것을 믿을 수가 있는 것입니다. 우리가 개인이 가지고 있는 기존의 생각을 고집하지 아니하고 객관적이고 겸손한 마음으로 이 사실을 생각해 본다면 이 성경 말씀에 대한 깊은 신뢰감이 당연히 생길 것입니다.

2. 저자를 초월한 주제의 통일성

우리는 성경이 쓰여진 시대의 차이뿐만 아니라, 또한 성경을 쓴 저자들의 개인 차이에 관하여도 생각해 볼 필요가 있습니다. 사람이란 세대가 같은데도 불구하고 약간의 개인 차이만 있어도 생각과 관심과 판단에 많은 차이가 있음을 봅니다. 더욱이 자라난 환경과 문화 배경의 차이가 있을 때는 서로 다른 점이 더 많은 것을 체험하게 됩니다. 예를 들어, 우리가 외국인과 며칠만 함께 지내보면 생활 방식에서부터 많은 차이가 있는 것을 보게 됩니다. 그들과 우리는 음식 먹는 방식도 다릅니다. 이를테면, 국을 거의 다 먹고 마지막으로 조금 남은 국물을 떠먹으려 할 때 한국 사람은 자기 쪽으로 그릇을 기울여 국물을 떠먹습니다. 그러나 서양 사람들은 반대 방향으로 그릇을 기울인 다음에 국물을 떠먹습니다. 대패질할 때도 서양 사람들은 밀지만 한국 사람들은 주로 잡아당깁니다. 톱질도 마찬가지입니다. 이렇게 연장 다루는 방법도 그렇고 인사할 때 손 흔드는 방식도 정반대로 하는 경우가 많이 있는 것을 봅니다. 이 같은 차이뿐 아니라 결국 사고방식과 가치관까지도 큰 차이가 있음을 발견하게 됩니다.

또 같은 언어, 같은 문화권이라 할지라도 직업이나 전공이나 취미만 달라도 그 개인 차이로 인하여 서로간의 의사소통에 어려움을 느끼는 경우가 많습니다. 그런데 성경을 기록한 40여 명의 저자들 간의 개인차를 살펴보면 직업이 서로 다른 것 외에 신분이 다르기도 하고 또 성격이 서로 다르기도 했습니다. 그중에는 왕도 있고 선지자도 있으며, 또 시인도 있고 의사도 있으며, 높은 수준의 교육을 받은 사람도 있고 교육을 제대로 받지 못한 어부들까지도 포함되어 있습니다. 그러나 이처럼 많은 40여 명의 사람들이 각각 시대 배경과 문화와 생활 배경, 또는 그 신분이 다른 개인차가 있는데도 불구하고 통일성 있게 주장하고 있는 한 가지 내용은 바로 예수 그리스도에 대한 것입니다.

그러므로 우리가 성경을 읽을 때 여러 사람이 각기 기록하였다고는 거의 생각되지 않고 신비롭게도 한 저자가 쓴 것처럼 느끼며 읽게 되는 이유는, 저자들이 개인적 견해로 성경을 기록한 것이 아니라 하나님께서 주관하셔서 성령의 감동으로 쓰게 하셨기 때문입니다.

3. 폭 넓은 독자층

이 세상의 많은 책들은 독자의 연령층에 따라 구분되어 읽혀지지만 성경은 연령층의 구분 없이 폭 넓게 읽혀진다는 점을 또한 고려해 볼 만합니다. 성인들이 보는 책들이 있고 아이들이 보는 책이 있으며 청소년들이 보는 책들이 있습니다. 그래서 아이들이 보는 책들을 어른들이 보게 되면 시시하게 여겨지고, 어른들이 보는 책들을 아이들이 보면 이해가 가지 않고 재미가 없는 경우가 많습니다.

그러나 이 성경 말씀은 연령 또는 지식의 유무와 관계없이 누가 보아도 믿음을 가지고 대할 때에는 그 말씀이 이해가 되며 기쁨을 얻고 거기서 놀라운 깨달음을 얻고 마음의 위로와 평강을 얻을 수가 있습니다. 성경은 이와 같이 모든 사람에게 읽혀질 수 있도록 쓰여진 책입니다. 이것은 바로 성경이 모든 사람에게 구원을 주시고자 하는 하나님의 뜻이 기록된 책이기 때문에 그런 것입니다. 그러므로 남녀노소 어떤 계층의 사람이든 믿음 가운데 이 성경을 읽으면 거기서 진리를 발견하고 영원한 생명을 얻을 수 있게 되며 삶의 풍성함을 누리게 되는 것입니다.

4. 내용의 다양성과 조화

성경은 그 내용의 다양성에도 불구하고 그 안에 혼돈되지 않는 질서가 있다는 점을 주목할 필요가 있습니다. 만약 누가 서점에서 책을 한 권 사려고 내용을 살펴보니까 그것이 별의별 내용이 한꺼번에 종합되어 있는 책이라고 해봅시다. 종교 의식이라든가 법률, 역사, 철학, 윤리, 문학, 의학, 교육, 지리, 예언 등등이 뒤범벅되어 있다면 그런 책을 사서 읽을 사람은 많지 않을 것입니다.

그런데 성경은 바로 이런 다양한 내용들이 한데 어우러져 있는 책인데도 불구하고 신비로운 조화가 있습니다. 하나님의 말씀에 대하여 시편 기자는, "주의 말씀이 심히 정미(精美)하므로 주의 종이 이를 사랑하나이다"(시편 119:140)라고 했습니다. '정미하다'는 것은 잡다한 찌꺼기가 전혀 섞이지 않고 완전무결하며 진실하다는 뜻입니다. 이와 같이 성경은 그 내용이 다양하지만 흠이 없이 순수하며 완전무결한 것입니다. 이런 놀라운 조화와 질서를 우리에게 보여 주고 있는 것을 볼 때에 이 성경은 인간의 지혜로 쓰여진 것이 아닌, 온전히 신뢰할 수 있는 신비로운 하나님의 말씀이라는 것을 믿을 수가 있는 것입니다. 우리가 인내와 겸손의 마음을 가지고 성경을 자세히 읽어 보면, 결국 그것이 내용의 다양성 속에서도 조화와 질서를 유지하고 있는 진리의 말씀인 것을 깨닫게 됩니다.

그러나 이런 다양한 내용에 대한 전체적인 연관성과 조화를 무시한 채, 개인의 취향과 제한된 관심에 따라 접근하여 문학이나 도덕, 역사, 혹은 논리학 등의 관점으로만 성경을 읽으면, 성경의 이런 다양성과 조화 속에 깃들어 있는 그 본질적인 진리를 깨닫지 못하게 됩니다. 그런 사람들 중에는 성경이 사람에 의하여 쓰여진 것이지 어떻게 하나님이 쓴 것이냐, 혹은 그것이 어떻게 진리의 말씀이냐고 반박하는 사람도 있습니다. 그런데 이런 사람들에게 막상, "당신은 성경을 과연 얼마나 읽어 보았습니까?"라고 물어보면, 대개의 경우 실상 한 번도 성경을 제대로 읽어 본 적이 없으면서 그런 말을 하는 것을 보게 됩니다. 성경을 잘 알지 못하면서 마치 자기가 남다르게 무언가 성경을 부정할 수 있는 어떤 증거라도 있는 것처럼 성경 말씀을 그릇되이 호도하고 있는 사람들이 많습니다.

사실 성경 말씀의 진실성을 증명할 수 있는 방법은 있어도, 거짓된 것이라고 증명할 수 있는 방법은 없습니다. 그러므로 근거 없는 선입견과 부정적인 태도에 매여 있지 말고 진지하고 순수한 마음으로 주의 깊게 성경을 읽어 보아야 합니다.

5. 배경의 역사적 사실성

성경은 어디까지나 역사적인 사실을 배경으로 하고 있기 때문에 그 진실됨을 신뢰할 수 있습니다. 역사를 배운 사람이라면 성경이 공상적인 책이 아님을 알게 됩니다.

성경 전체를 그대로 믿지는 못하는 사람 중에도 적어도 성경 속에 기록된 역사적인 인물들과 사실들은 의심 없이 믿는 사람들이 많습니다. 예수 그리스도는 믿지 않으면서 예수님을 중심으로 일어난 주변의 수많은 역사적인 사실들에 대해서는 믿고 있는 사람이 많은 것입니다. 그러나 역사의 기록을 의심 없이 믿는다면 성경에 기록된 사실도 의심 없이 믿어야 합니다. 우리가 역사를 알고 성경을 보든지 혹은 성경을 보고 역사를 살펴보면 성경의 내용들이 확실한 역사적 배경을 가지고 있음을 깨닫게 됩니다. 그러므로 우리는 이 성경이 어떤 공상적인 것이 아니라 온전히 신뢰할 수 있는 진실된 말씀인 것을 믿을 수 있습니다.

6. 예언의 성취의 기록

성경은 하나님께서 예언하신 말씀들이 실제로 성취된 것을 분명히 보여 주고 있기 때문에 진리라는 것을 믿을 수가 있습니다. 우리는 대화 가운데서 흔히 우연이라는 단어를 자주 쓰곤 합니다. 길을 가다가 우연히 누구를 만났다느니, 어떤 일을 하는데 우연히 어떻게 되었다 하는 식의 말을 자주 하고, 또 옛날이야기에서도 우연히 산길을 가는데 호랑이가 나타나서 어찌어찌했다 하는 식의 이야기 전개가 많습니다. 그러나 사실상 엄밀히 말해서 하나님 앞에서는 비록 작은 일까지도 우연이라는 것은 없습니다. 모든 것이 하나님의 계획과 인도하심과 그 뜻 가운데 성취되어 나가고 있기 때문인 것입니다. "참새 두 마리가 한 앗사리온에 팔리는 것이 아니냐? 그러나 너희 아버지께서 허락지 아니하시면 그 하나라도 땅에 떨어지지 아니하리라"(마태복음 10:29) 하신 예수님의 말씀처럼, 모든 것이 하나님의 주권하에서 이루어지고 있는 것입니다.

성경 말씀에는 수많은 예언들이 기록되어 있고, 그 많은 예언들이 실제로 이루어졌으며 계속 이루어지고 있습니다. 성경에는 이스라엘 민족에 대한 예언, 여러 제국들에 대한 예언, 왕들에 대한 예언, 또한 그리스도에 대한 예언, 이 세상에 대한 예언 등 수많은 예언들이 기록되어 있습니다. 이 수많은 예언들 중 많은 것들이 이미 성취되었습니다. 그리고 앞으로도 많은 예언들이 그대로 성취될 것입니다.

누가복음 24장을 보면, 예수님의 두 제자가 매우 실망해서 엠마오로 걸어가고 있는 내용이 나옵니다. 그들은 그동안 자신들이 열심히 따르며 배우고 의지하던 예수 그리스도께서 자기들이 보기에는 너무도 무력하게 붙잡혀 십자가에 못 박혀 죽임을 당하자, 아마도 자신들의 지난 세월을 헛되이 보냈다고 생각하며 매우 허탈하고 낙망한 가운데 엠마오로 가는 길을 걸어가고 있었을 것입니다. 그러한 그들에게 부활하신 예수님께서 나타나셨습니다. 그러나 그들은 그분이 예수님이신 줄 미처 깨닫지 못했습니다.

그때 예수님께서는, 26절 이후에 기록된 것과 같이, 그들이 자기에 관하여 올바르게 이해할 수 있도록 설명해 주셨습니다. "그리스도가 이런 고난을 받고 자기의 영광에 들어가야 할 것이 아니냐 하시고, 이에 모세와 및 모든 선지자의 글로 시작하여 모든 성경에 쓴 바 자기에 관한 것을 자세히 설명하시니라"(누가복음 24:26-27). 예수님은 시편과 모세의 글과 수많은 선지자들의 글에, 그리스도가 고난을 받고 십자가에서 죽으시고 그 다음에 부활하시고 하나님의 영광 가운데 들어갈 것이라고 기록된 그 내용이 바로 예수님 자신에 관한 기록이라는 것을 성경을 풀어서 설명하신 것입니다.

이렇게 성경을 풀어 주실 때 그들에게 놀라운 변화가 일어났습니다. 엠마오로 가던 두 제자는 성경에 예언된 말씀이 실제적으로 이루어진 사실을 예수님을 통해서 깨달았을 때 그들은 예수님에 대한 모든 회의와 의심이 사라졌습니다. 그들은 낙망에서 벗어났으며 결국 "우리 속에서 마음이 뜨겁지 아니하더냐?"고 서로 확인하면서 감격스러운 마음을 경험할 수 있었습니다. 예수님에 대한 예언의 말씀이 그대로 성취된 것과 같이 다른 많은 예언들도 그대로 성취된 것을 성경에서 찾아볼 수 있습니다. 이처럼 예언된 말씀이 그대로 이루어졌고 앞으로도 이루어질 것을 볼 때에 우리는 이 성경이 참으로 신뢰할 수 있는 말씀임을 믿게 됩니다.

7. 꾸밈없는 내용의 기록

성경 말씀의 기록은 과장, 미화 등의 꾸밈이 없이 매우 솔직합니다. 우리는 이 사실을 통해서도 이 성경 말씀이 진리라는 것을 믿을 수 있습니다. 만약 성경 말씀이 하나님에 의해서 쓰여진 것이 아니라 단순한 인간의 기록이라면 여기에는 많은 거짓된 내용들이 포함되었을 것입니다. 가능한 대로 좋은 내용들만 기록해 놓았을 것입니다. 특별히 저자들 자신의 실패나 실수에 대한 내용들은 기록하지 않았을 것입니다. 그들이 성공한 일, 잘한 일, 공을 세우거나 훌륭한 일을 한 미담들을 주로 기록했을 것입니다.

그러나 성경을 전체적으로 읽어 보면 성공한 내용의 기록도 물론 많이 있지만, 수많은 인물들의 실패한 내용들이 성경의 많은 부분을 차지하고 있는 것을 알 수 있습니다. 살인하고, 배신하고, 도둑질하며, 서로 다투는 등 죄악 되고 부끄러운 일들이 솔직하게 기록되어 있는 것을 볼 수 있습니다.

성경의 저자 중 한 사람인 다윗에 대해서도 그의 삶에서 실패한 부끄러운 내용들이 그대로 성경에 기록되어 있는 것을 볼 수 있습니다. 그의 갈등과 슬픔, 공개하기 부끄러운 인간적 약점 등이 진솔하게 기록되어 있습니다. 그가 죄를 범하고 하나님의 형벌 가운데 처하였던 일, 그리고 그의 가정적인 복잡한 죄의 사실까지도 그대로 기록되어 있습니다.

또한 신약에서 베드로가 예수님을 부인한 내용, 예수님의 제자들끼리 서로 시기하고 질투하고 서로 높아지려고 다투던 일 등 부끄러운 이야기들이 사실대로 기록되어 있으며, 또한 기독교 역사상 지극히 존경받을 만한 위대한 사도로서 놀라운 사역의 업적들을 남긴 바울이 그와 함께 동역하던 바나바와 격렬하게 싸우고 피차 갈라선 일 등이 그대로 기록되어 있는 것입니다.

이처럼 성경은 악한 사람들의 죄악뿐 아니라 의롭고 선한 사람들의 부끄러운 실패까지도 숨김없이 사실대로 기록해 놓은 것입니다.

누가복음 2:41-51에 보면, 예수님이 12세 때 그 부모와 함께 예루살렘에 유월절 절기를 좇아 올라갔다가, 집으로 돌아오는 길에 예수님은 예루살렘에 그대로 머물러 있었으나, 부모들은 그저 일행 중에 있는 줄로 생각하고 하룻길이나 가서야 예수님을 찾느라 허둥지둥하다 사흘 후에야 성전에서 만나게 되었던 일이 기록되어 있습니다. 이 사건은 부모 된 입장의 마리아와 요셉으로서는 매우 부끄러운 일이었다고 할 수 있습니다. 먼 길을 갔다가 돌아오는 길에서 하룻길을 가는 동안 부모로서 자식의 행방에 대하여 거의 관심을 기울이지 않았다는 것은 이해하기 곤란한 문제인 것입니다. 또한 마리아로서는 예수님이 그 탄생 과정에서부터 인간적 방법으로가 아니라 성령으로 잉태되어 탄생하신 메시야임을 잘 알고 있었을 텐데도, 예수님이 예루살렘 성전에 계실 것은 상상도 해보지 못하고 다른 곳에서만 찾다가 사흘이 지난 다음에야 그곳에서 찾게 된 것도 차라리 숨기고 싶은 이야기였을 것입니다. 그 후에 제자들은 이 사건을 기록할 때 마리아의 체면을 고려해 주면서 기록할 수도 있었을 것입니다. 그렇지만 이런 사건에 대한 성경의 기록은 추호의 과장도 꾸밈도 없이 사실 그대로 기록된 것을 보게 됩니다. 성경 전체적으로 보면 이런 이야기들이 많이 있습니다.

어느 날 예수님께서는 기도하러 따로 산에 가시고 제자들은 배를 타고 바다 건너편으로 가고 있었습니다. 제자들이 육지에서 몇 리를 떠났을 때 바람이 불고 물결이 일어나게 되어 한참 고통스러워하였습니다. 때는 이미 어두운 밤이었습니다. 이때 예수님께서 바다 위를 걸어서 제자들에게 오셨습니다. 제자들은 물 위를 걸어오시는 예수님을 보고 유령인가 하여 간담이 서늘했습니다. 무서워서 비명을 질렀습니다. 마침내 예수님께서 자신의 신분을 밝히고 안심시키자, 베드로는 예수님께 "나를 명하사 물 위로 오라 하소서"라고 요청했습니다. 그러자, 예수님은 베드로에게 "오라" 하고 말씀하셨습니다. 이때 신비로운 일이 일어났습니다. 예수님을 향해 베드로가 물 위를 걸어가게 된 것입니다. 그러나 이 놀라운 일도 잠깐이었습니다. 그가 바람을 보고 무서워할 때 그만 물에 빠져 들어가게 된 것이었습니다(마태복음 14:22-33 참조). 이 사건에 관하여도 베드로가 물 위를 걸은 것만 기록하고 물에 빠져 들어가는 내용은 베드로 개인을 위해 또는 기독교를 위하여 삭제해 버렸다면 어떻게 되었겠습니까? 더 좋은 결과를 가져오겠습니까? 절대로 그렇지 않습니다. 베드로의 이런 실패에 대한 사실적인 기록은 오히려 오늘날 그리스도인들에게 좋은 교훈이 될 뿐만 아니라 성경 말씀이 정직한 기록임을 증거해 주는 것이 되는 것입니다. 성경은 인간적 감정이나 상황을 배려해서 쓴 인간의 기록이 아니라, 조금도 숨김없이 사실 그대로를 기록한 것이기에, 온전히 신뢰할 수 있는 하나님의 말씀입니다.

만약에 성경이 사람에 의하여 쓰여졌다면 그런 부끄러

운 내용들은 가능한 대로 빼버렸을 것입니다. "이런 내용은 빼자. 이런 수치스러운 내용을 그대로 남겨 두면 후세 그리스도인들에게 본이 되지도 않고 기독교에 대한 간증이 좋지 않게 될 것이다. 그러니 좋은 것들만 기록해 두자." 이런 식으로 생각하며 다 빼버렸을 것입니다. 그러나 하나님의 말씀은 수많은 부끄러운 내용을 그대로 다 솔직하게 기록하고 있습니다. 인간의 실패와 그 실패로 말미암은 처량한 모습들을 그대로 그려 놓았습니다. 기록의 대상이 하나님께 대한 신앙이 없는, 죄 가운데 있는 악한 사람들에 관한 것이라면 몰라도, 하나님을 잘 섬기며 따르는 사람들의 실패와 약점과 허물들을 누가 기록해 놓고 싶겠습니까? 성경을 선지자들이나 사도들끼리 적당히 의논해서 기록했다면 좋은 것만 기록하는 것이 오히려 쉽지 않았겠습니까?

그러나 이 성경 말씀은 사람들이 쓴 것이 아닙니다. 구약의 말씀도 다윗이나 모세 또는 선지자들이 자신들의 생각대로 쓴 것이 아니라 여호와 하나님께서 그들을 통해 기록하신 것이기 때문에 부끄러운 사실들까지도 숨김없이 그대로 드러내고 있는 것입니다. 왜냐하면 그들은 성경의 기록자들이기는 하지만 그들이 한 일은 오직 성령의 감동으로 말씀을 받아 쓴 것뿐이기 때문입니다(디모데후서 3:16, 베드로후서 1:21 참조). 그러므로 비록 사람을 통하여 기록되기는 하였지만 하나님께서 친히 지으셨기에 성경은 정직하며 우리가 믿고 신뢰할 수 있는 진리의 말씀인 것입니다.

8. 자신을 증명하기 위해 구차한 방법을 쓰지 않으심

창세기 1:1에, "태초에 하나님이 천지를 창조하시니라"라고 기록한 말씀을 읽을 때, 혹 어떤 사람들은 '하나님께서 창조의 내용을 말씀하시기에 앞서서 왜 창조의 주인이신 하나님 자신의 존재의 근원을 먼저 설명하며 증거하지 않았을까?' 하고 의문을 갖는 사람들이 있습니다. 그러나 성경은 여기에서뿐만 아니라 다른 어떤 곳에서도 저자이신 하나님 자신이 누구시라는 것을 인간적인 방법으로 구차하게 입증하거나 설명하려고 애쓰지 않고 있습니다. '하나님께서 좀 명확하게 먼저 하나님 자신이 누구신가 하는 것을 사람이 이해할 수 있는 방법으로 상세히 기록해 주셨더라면 좋았을 텐데' 하고 아쉬워하는 사람들이 있을지라도, 사실 이것은 하나님 편의 문제가 아니라 그 사람의 문제인 것입니다.

부모들 중에 자기 자식에게 "내가 왜 너의 부모인가 하면…," 또는 "이러이러하므로 내가 너의 아버지이다"라고 설명하며 증명해 보이려고 애쓰는 부모가 있습니까? 그런 사람이 있다면 오히려 이상하게 생각되고 의심이 더

생길 것입니다. 진짜 부모는 자기가 어찌어찌하여 또는 왜 부모인가 하는 것을 아이들에게 말해 줄 필요를 느끼지 않습니다.

대개의 한국 사람들은 어린 시절 그 부모를 통하여 어떤 다리 밑에서 또는 다른 어떤 곳에서 주워 왔다는 농담을 들을 때가 많습니다. 나도 딸과 아들에게 상도동 입구에서 또는 퇴계로 뒷골목에서 주워 왔다고 농담을 하곤 했었습니다. 어떤 학자는 이런 농담이 아이들에게 좋지 않다고 주장하여, 부모 중에는 그런 농담을 전혀 하지 않는 분들도 있습니다. 그러나 많은 부모들이 짐짓 장난삼아 이런 농담을 하곤 합니다. 그런데 이런 농담은 부정적인 측면도 있겠으나 사실 어떤 면에서는 "참으로 내가 너를 낳은 부모이다"라고 직접 말하며 장황하게 설명하는 것보다도 더욱 강하게 친부모임을 나타내는 표현이 될 것입니다. 친부모가 아니면 오히려 이런 농담을 두려워서도 하지 못할 것입니다. 이런 농담을 들으며 자란 사람들 중에는 짧은 기간 동안 충격을 느꼈을 수는 있을지 모르겠으나 이것 때문에 부모를 신뢰하지 못하게 된 경우가 있었다고는 아직 들어 보지 못했습니다. 내가 보기에는 오히려 더욱 신뢰심이 깊어졌다고 생각됩니다.

하나님께서도 자기가 하나님이시라는 사실이 너무나도 분명하고, 자기와 우리 각 사람과의 관계도 지극히 당연

한 것이기에, 자기를 입증해 보이려고 노력할 필요를 느끼지 않으시며, 따라서 성경에서 그런 설명을 굳이 많이 하지 않으신 것입니다. 이 말은 하나님께서 자신에 관하여 전혀 설명을 하지 않으셨다는 것은 아닙니다. 하나님께서는 많은 말씀들에서 그의 신성, 존재, 성품, 능력 등 자신이 어떠하신 분이신가에 관하여 설명하고 있습니다. 여기서 말하고자 하는 것은 하나님께서 구태여 인간적 이해에 호소하는, 하나님의 존재의 근원에 대한 설명을 하지 않으셨다는 것입니다. 하나님께서는, "나는 이러이러한 여호와 하나님인데…"라고 설명을 많이 하기보다는, "나 여호와가 말하노라…"라고 단순하게 말씀하십니다.

실상 가짜일수록 그것에 대한 구차한 설명이 장황한 것을 봅니다. 지하철을 타면 가끔 차 내에서 유창하게 어떤 물건에 대하여 선전하며 판매하는 것을 보게 되는데, 결론적으로 가격이 싸다는 점과 품질이 좋다는 것을 증명하려고 애씁니다. 어떤 때 그런 사람들의 말을 들어 보면 그 물건들이 세상에서 제일 좋은 물건이라는 생각이 들 정도입니다. 그러나 이런 물건들은 실제로 사서 써보면, 물론 어떤 것은 좋은 물건들도 있지만, 대개 선전만큼 좋지가 않고 어딘가 결함이 있는 경우가 많습니다. 하나님께서는 성경 말씀을 통하여 장황하게 자기를 선전하고 설명하며 억지로 설득시키려 하시기보다는 단순히 우리의 창조주이시고 친부모이시며 우리의 주님으로서 말씀하고 계시는데, 이것이 오히려 우리에게 말씀에 대한 신뢰감을 갖게 해줍니다.

❄ ❄ ❄

우리가 성경에 대하여 이와 같은 신뢰심을 가진다면 어떻게 해야겠습니까? "여호와를 경외하는 것이 지식의 근본이어늘 미련한 자는 지혜와 훈계를 멸시하느니라"(잠언 1:7), "여호와를 경외하는 것이 지혜의 근본이요 거룩하신 자를 아는 것이 명철이니라"(잠언 9:10)고 하신 말씀의 교훈과 같이, 참된 지혜와 지식의 근본이 다른 데 있는 것이 아니라 여호와 하나님을 알고 경외하는 데 있음을 깨닫고, 말씀을 배우는 데 힘써야 할 것입니다. 그런데도 세상에는 스스로 지혜 있다 여기며 참된 지혜의 근본인 여호와 경외하는 법을 가르치는 성경 말씀을 무시하는 사람들이 많이 있습니다. 그뿐만 아니라 어떤 이는 성경 말씀이 모순이며 잘못되었다고 증명해 보이려고 애쓰기도 합니다. 그러나 피상적으로만 생각하고 참으로 깊이 있게 살펴보지 않은 상태에서 자기 편견대로 잘못된 주장을 하기만 할 뿐입니다.

또 어떤 사람들은 진지하게 하나님을 알기를 간절히 바

랍니다. 그리하여 여러 가지 방법으로 하나님을 찾으려 수고하기도 합니다. 그들 중에는 하나님을 만나려고 산으로 가기도 하고 혹은 바닷가로 가기도 하고 굴속에 들어가기도 합니다. 그러나 어떤 특별한 장소에 가거나 자기 몸에 고통을 주거나 신비로운 경험을 한다고 하나님을 만날 수 있는 것이 아닙니다.

그렇다면 하나님을 더욱 잘 알고 그분을 경외하는 법은 어디서 발견할 수 있겠습니까? 다른 데 있는 것이 아니라 바로 성경 말씀에 있습니다. 예수님께서 요한복음 5:39에서 이렇게 말씀하셨습니다. "너희가 성경에서 영생을 얻는 줄 생각하고 성경을 상고하거니와 이 성경이 곧 내게 대하여 증거하는 것이로다." 성경은 바로 예수님 자신에 대하여 증거하고 있다고 하셨습니다. 그렇기 때문에 그리스도를 만나기 위해서는 다른 곳이 아니라 성경으로 돌아가야 합니다.

많은 기독교인들이 이단들에 휩쓸리게 되는 이유 중의 하나는 바로 성경 말씀을 몰라서 그런 것입니다. 성경을 분명하고 올바르게 알지 못하기 때문입니다. 그러므로 우리가 구원받기 위해서도 물론 성경으로 돌아와야 하고, 또한 구원받은 이후에 주님과 동행하며 그리스도를 닮은 인격이 형성되고 놀라운 축복을 누리며 능력 가운데서 살기를 원한다면 바로 성경으로 돌아와야 합니다. 예수 그리스도께서는 아직 구원받지 못한 사람뿐만 아니라 구원받은 모든 그리스도인들까지도 자기를 만나기 위하여 성경으로 돌아오기를 기다리고 계십니다. 우리는 이 성경 말씀이 바로 진리의 말씀이라는 사실을 믿고 신뢰하며 그 가운데서 걸어가고 그 가운데서 쉴 줄 알며 그 가운데서 풍성함을 누리는 그리스도인이 되어야 합니다. 이런 그리스도인이 가장 현명한 사람입니다.

성경의 권위

1. 하나님의 감동으로 기록된 말씀

지금까지 살펴본 바와 같이 성경은 결코 거짓이나 과장된 이야기가 아니라 우리가 실제적으로 믿기에 충분한 증거들과 사실들로 이루어진 하나님의 진리의 말씀입니다. 그렇기 때문에 하나님께서는 우리에게 성경 말씀을 부인하지 않고 그것을 인정하는 정도에 머무는 것을 원치 않으십니다. 하나님께서는 이 말씀이 우리 각자의 삶에서 최고의 권위를 가지게 되길 원하시는 것입니다. 다시 말하면 하나님께서는 이 말씀이 각 사람의 생애의 방향을 제시해 주는 이정표가 되기를 원하시고, 이 말씀이 삶을 인도하는 인도자가 되길 원하시며, 또한 이 말씀이 우리를 기쁘게 해주고 능력을 주고 지혜롭게 되도록 해주길 원하십니다. 하나님은 성경 말씀이 우리의 모든 영역에 놀랍고 유익한 영향을 미치게 되기를 원하시는 것입니다.

성경은 기독교인들의 참고 서적에 그치는 것이 아닙니다. 또는 종교 의식을 수행할 때 잠시 펴서 사용하는 그런 종류의 책이 아닙니다. 어떤 생일 파티나 결혼식 혹은 졸업식 등의 행사에서 구색을 맞추기 위하여 있는 책이 아닙니다. 또는 수양회에서 교재로 사용되는 정도의 책도 아닙니다. 성경은 우리 개개인에게 최고의 권위가 있는 책이 되어야 마땅합니다.

영국의 시인 스코트 경은 어렸을 때부터 공부를 많이 했으며 수많은 책을 읽었습니다. 그는 책 가운데서 시작해서 책 가운데서 일생을 마친 그런 사람이었습니다. 실제로 그는 책이 가득 꽂힌 자신의 서재에 누워서 이 세상을 떠났던 것입니다. 그는 운명 직전에 자기가 누워 있는 서재에 빙 둘러 있는 수많은 책들을 바라보면서 자기에게 책을 읽어 달라고 말했습니다. 그러자 거기 있던 사람 중 하나가, "어떤 책을 읽어 드릴까요?" 하고 아주 조심스럽게 목소리를 가다듬고서 물어보았습니다. 그러자 스코트 경은, "책은 여기 하나밖에 없네. 무슨 다른 책이 있겠나? 여기 있는 유일한 책은 성경일세. 그 성경을 읽어 주게"라고 말했다고 합니다. 그는 생애의 마지막 순간에 다른 수많은 책들이 있는 가운데서 오직 성경만을 진정한 책이라고 여기며 성경에 큰 권위를 두었던 것입니다. 스코트 경의 말은 책에 대한 무슨 색다른 정의를 새롭게 내

린 것이 아니라, 그의 일생을 마치는 순간에 정말로 자신에게 권위가 있는 책 그것은 성경이라는 것을 이야기하고 있는 것입니다.

에이브러햄 링컨은 독학으로 공부하여 성공한 사람으로 알려져 있습니다. 가난했기 때문에 학교를 잘 다니지도 못했고 책을 제대로 구할 수도 없었습니다. 하지만 그는 책을 무척 좋아했고 열심히 구하여 읽었습니다. 그의 청년 시절을 상징하는 조각 작품을 보면, 풀을 뜯는 말 등에서 그가 책을 읽고 있는 것을 볼 수 있습니다. 그처럼 책을 좋아하여 수많은 책을 읽은 그가 후일에 한 말은 아주 깊은 의미가 있습니다. 그는 "하나님의 선물 중 가장 귀한 것은 바로 성경이다"라고 말하였습니다. 그는 수많은 책을 읽었지만 그런 것을 자랑하지 않고 오직 성경이 가장 귀중하다고 말했던 것입니다.

그러나 우리는 이런 유명한 사람들이 성경에 대하여 감명을 받았다고 하며 성경이 가장 가치 있는 책이라고 말할 정도로 중요하게 여겼기 때문에 성경에 권위를 두는 것은 아닙니다. 더 중요한 사실은, 성경은 하나님의 감동으로 쓰여졌다는 것이며, 그렇기 때문에 우리는 성경에 권위를 두어야 합니다. 디모데후서 3:16 말씀에는 이렇게 기록되어 있습니다. "모든 성경은 하나님의 감동으로 된 것으로 교훈과 책망과 바르게 함과 의로 교육하기에 유익

하니." 또한 베드로후서 1:21 말씀에서는 "예언은 언제든지 사람의 뜻으로 낸 것이 아니요 오직 성령의 감동하심을 입은 사람들이 하나님께 받아 말한 것임이니라"라고 하였습니다. 이런 말씀들을 비롯하여 성경의 말씀들은 성령께서 성경을 쓰셨다는 것을 자체적으로 증거하고 있습니다.

성경을 전체적으로 읽어 보면, "주의 말씀이 내게 임하여…"라고 하는 표현이 대단히 많이 나오는 것을 볼 수 있습니다. 다시 말하면 성경의 기록자가 자신의 어떤 생각을 기록했다고 한 것이 아니라 자기에게 임한 주님의 말씀을 받아서 기록하였다고 밝히고 있는 것입니다. 성경은 이처럼 하나님의 감동으로 된 것이기 때문에 우리는 이 성경 말씀에 권위를 두어야 합니다.

2. 영원히 변치 않는 말씀

"그러므로 모든 육체는 풀과 같고 그 모든 영광이 풀의 꽃과 같으니 풀은 마르고 꽃은 떨어지되 오직 주의 말씀은 세세토록 있도다 하였으니, 너희에게 전한 복음이 곧 이 말씀이니라"(베드로전서 1:24-25). 이 말씀은 이 세상의 모든 영광이 식물의 꽃처럼 잠시 화려하게 그 자태를 자랑하다가 이내 시들고 쇠락하지만 주님의 말씀은 영원히 없어지지 않는다고 가르쳐 주고 있습니다. 또한 예수님께서는 마태복음 24:35에서 "천지는 없어지겠으나 내 말은 없어지지 아니하리라"고 말씀하셨습니다. 이처럼 하나님의 말씀은 영원한 것입니다. 모든 것이 가변성과 시한성 가운데 존재하지만 하나님의 말씀은 세세토록 있는 영원불변의 말씀인 것입니다. 그렇다면 우리는 잠시 있다가 없어져 버릴 허무한 것에 미련을 두지 말고 영원한 것을 찾아야 하지 않겠습니까?

세상의 모든 것이 변합니다. 인간의 이론, 철학, 또는 과학, 윤리, 풍속 등 모든 것이 변합니다. 귀한 생명까지 바쳐 가며 지키려던 'ism'들은 이제는 'wasm'이 되어 버렸습니다. 몇 년 전에 한국에 왔던 한 선교사는 미국에서 우주 공학을 전공했던 분이었습니다. 얼마 전에 그 선교사와 이야기를 나누다가, "지금도 우주 공학 공부한 것들이 기억납니까?"라고 물어보게 되었습니다. 그는 전에 배운 내용들이 기억나기는 하지만 별로 쓸모없다고 대답하였습니다. 그는 자기가 대학원까지 가서 우주 공학을 공부했지만, 한동안 거의 절대시되어 온 여러 가지 자연과학의 이론들마저도 바뀌고 새로운 이론들이 제기되었기 때문에 자기가 공부한 것은 이제 낡은 것에 불과하다고 말했습니다.

이런 것뿐만 아니라 우리는 매일 변해 가는 세상에서 인간의 양심의 기준까지도 변하는 것을 봅니다. 그러므로 이처럼 변하는 양심은 그것 자체만으로는 도덕의 표준이 될 수가 없는 것입니다. 또 여러 영역에서 유행도 변하고 있습니다. 유행하는 의상의 스타일도 매년 달라지곤 합니다. 이런 변화들을 다 좇아가는 것은 참으로 피곤하고 힘든 일입니다. 그러나 이처럼 모든 것이 변해 가지만 하나님의 말씀인 성경은 결코 변하지 않으며 영원한 진리로 남아 있습니다. 그러므로 우리는 이 영원한 진리의 말씀에 권위를 둘 수가 있는 것입니다.

만약 어떤 사람을 따르는 데 있어서도 그 사람이 조석으로 이리저리 마음이 변한다면 그런 사람을 믿고 따라갈 수가 있겠습니까? 그를 신뢰할 수도 없으며 권위를 인정할 수도 없게 됩니다. 그러나 하나님의 말씀인 성경은 결단코 변하지 않으며 영원하기 때문에 우리는 여기에 권위를 두어야 합니다. 또 우리가 그 권위를 인정한다면 당연히 성경 말씀을 의지하고 확신 있는 삶을 살아야 할 것입니다.

3. 진리의 수준을 지닌 말씀

빌라도 총독이 예수님께 진리가 뭐냐고 질문을 한 적이 있습니다. 오늘날도 수많은 사람들이 진리가 뭐냐고 질문하고 있습니다. 이 질문에 대하여 성경 말씀은 매우 간단하면서도 분명한 대답을 하고 있습니다. "아버지의 말씀은 진리니이다"라고 한 요한복음 17:17의 말씀이 바로 그 대답입니다. 진리는 다른 데 있는 것이 아니라 바로 하나님의 말씀에 있는 것입니다.

사도행전 17:11-12을 보면, "베뢰아 사람은 데살로니가에 있는 사람보다 더 신사적이어서 간절한 마음으로 말씀을 받고 이것이 그러한가 하여 날마다 성경을 상고하므로 그중에 믿는 사람이 많고"라고 하였습니다. 베뢰아 사람들은 성경 말씀을 올바른 태도로 받았습니다. 그들은 어떻게 하면 반박을 하고 비판을 가할까 하는 관심으로 말씀을 대하지 않고 그 말씀이 과연 어떻게 하여 진리일까 진지하게 알아보려는 관심으로 대하였습니다. 이런 올바른 태도로 말씀에 나왔을 때 그들 중 많은 사람이 믿게 되었던 것입니다.

우리도 말씀을 보는 태도에 따라서 놀라운 축복을 받을 수도 있고 그렇지 못할 수도 있습니다. 아무리 좋은 것을 선물로 주어도 그것을 받지 않으면 아무 소용이 없습니다. 성경 말씀을 부정적인 태도로 접근하는 사람에게 하나님께서는 축복을 주시지 않습니다. '나는 도저히 이 말씀을 믿을 수 없어. 그러나 하나님이 전지전능하신 분이라면 내 마음을 불가항력적으로 바꿔서 믿기 싫어도 믿도록 해주셔야 할 것이다'라고 생각하는 사람도 있습니다. 그러나 하나님은 그런 방법을 쓰지 않으십니다. 하나님께서는 올바르고 긍정적인 마음의 태도와 진리를 찾고자 하는 진지하고도 겸손한 마음으로 나오는 사람에게 이 말씀의 진리 됨을 보여 주심으로 이 말씀의 권위를 인정할 수 있게 해주시는 것입니다.

4. 예수님의 본

예수님께서 이 세상에 계시는 동안 가르쳐 주신 수많은 교훈들이 바로 성경 말씀을 기초로 한 것이라는 사실을 알 때 우리는 또한 말씀의 권위를 인정하지 않을 수 없습니다. 예수님께서는 말씀과는 전혀 관계없는 자신의 개인적인 의견을 주장하거나 개인적인 생각을 가르치신 것이 아니라, 많은 경우 성경을 인용하시며 그것을 기초로 하여 말씀하셨던 것입니다. 우리가 특별히 4복음서들을 주의 깊게 읽어 보면 예수님이 얼마나 자주 구약성경을 인용하고 계신지를 알게 됩니다. 누가복음 24:44, 마태복음 4:4, 요한복음 5:46-47, 요한복음 10:34-35 등 여러 말씀들을 읽어 보면, 모세의 율법, 선지자의 글, 시편 등에 나오는 하나님의 말씀을 인용하여 말씀하시고 가르치신 것을 볼 수 있습니다. 이는 곧 예수님께서도 이 성경을 최고의 권위를 가진 하나님의 말씀으로 받아들이고 사용하셨던 것을 보여 주는 것입니다. 그렇기 때문에 우리도 자기 자신의 생각이나 혹은 어떤 사람들의 이론이나 주장에 권위를 둘 것이 아니라 성경 말씀 자체에 권위를 두고 따를 줄 알아야 합니다. 그 말씀이 무엇이라고 하든 아멘 하고 따를 줄 아는 사람을 하나님께서는 축복해 주십니다.

성경의 가치

사람의 일생은 먼저 한 생명으로 태어나는 일로부터 시작됩니다. 이제 태어난 생명은 젖을 먹고 영양 있는 음식을 섭취함으로써 점점 성장해 갑니다. 음식은 어렸을 때 성장하는 데에 필요할 뿐만 아니라 일생 동안 힘을 얻고 건강을 유지하기 위하여도 필요한 것입니다. 또한 한 사람으로서 이 세상을 살아가는 동안에는 건강을 위한 음식 외에도, 닥쳐오는 여러 위험과 어려움을 극복하기 위해서 생활의 지혜와 능력이 필요합니다. 이뿐 아니라 의미 있고 보람 있는 삶을 살도록 올바른 목표와 방향을 제시해 주는 삶의 인도자가 있어야 할 것입니다. 이처럼 한 사람의 일생에는 이런 여러 과정에 여러 가지 필요들이 있는 것입니다.

그리스도인의 영적인 생애에 있어서도 이런 과정과 그에 따른 필요들이 있는데, 하나님의 말씀은 이 모든 과정에서 핵심적인 역할을 하며 각 사람의 필요를 채워 줄 수 있기 때문에 참으로 소중한 가치가 있는 것입니다. 즉, 하나님의 말씀은 사람으로 하여금 영적인 새 생명을 얻게 해주며, 또한 영의 양식이 되어 우리를 영적으로 성장시켜 주고, 뿐만 아니라 우리가 이 세상에 살아갈 동안에 우리를 대적하는 사탄과 그 유혹으로부터 승리하게 해줍니다. 그리고 말씀은 우리가 영적으로 올바른 길로 행할 수 있도록 해주는 인도자가 됩니다. 성경은 이 밖에도, 우리 삶의 다른 수많은 영역들에서 우리의 필요들을 채워 줄 수 있습니다. 성경의 가치에 대하여는 이외에도 다른 많은 내용들이 있지만, 위에서 이야기한 내용들을 중심으로 하여 그 가치를 좀 더 살펴보겠습니다.

1. 새 생명

성경 말씀은 그리스도인 개개인의 모든 삶에서 핵심적인 역할을 합니다. 무엇보다도 먼저 성경 말씀은 각 사람으로 하여금 그리스도를 알게 해주며 이로 말미암아 영적으로 거듭나고 영원한 생명을 얻게 해줍니다. "살리는 것은 영이니 육은 무익하니라. 내가 너희에게 이른 말이 영이요 생명이라"(요한복음 6:63). 예수님께서는 말씀이 바로 우리에게 영원한 새 생명을 준다고 가르쳐 주십니다.

하나님의 말씀은 진정 우리로 그리스도를 깨닫도록 도와줌으로써 영적 거듭남의 역사를 일으킵니다. 베드로전서 1:23-25 말씀도 바로 이것을 증거하고 있습니다. "너희가 거듭난 것이 썩어질 씨로 된 것이 아니요 썩지 아니할 씨로 된 것이니 하나님의 살아 있고 항상 있는 말씀으로 되었느니라. 그러므로 모든 육체는 풀과 같고 그 모든 영광이 풀의 꽃과 같으니 풀은 마르고 꽃은 떨어지되 오직 주의 말씀은 세세토록 있도다 하였으니, 너희에게 전한 복음이 곧 이 말씀이니라."

2. 영적인 양식

성경 말씀은 우리로 거듭나고 영원한 생명을 얻게 해줄 뿐만 아니라, 그 이후에 우리의 영적 성장에 필수적인 자양분이 됩니다. 어린아이가 태어난 이후에 우선적으로 그에게 필요한 것은 건강하게 자라는 것입니다. 공부가 필요한 것도 아니고 어떤 특별한 운동이나 활동 및 일을 배우는 것이 필요한 것도 아닙니다. 어린아이에게 필요한 것은 젖을 잘 먹고 성장하는 것입니다. 아기가 태어나자마자 그에게 일하는 법을 가르치려고 하는 부모를 본 적이 있습니까? 바느질, 설거지, 청소 등등의 일을 하는 법을 보여 주고 배우라고 재촉하는 부모는 아무도 없습니다. 그저 아기에게 바라는 것은 잘 먹고 잠을 잘 자고

무럭무럭 자라는 것입니다. 성장에 관한 한 영적으로도 이와 마찬가지입니다.

영적으로 갓 태어난 사람에게 필요한 것은 어떤 영적인 활동이 아니라 우선 영적으로 성장하는 것입니다. 세월이 지난 후에도 흔들리지 않는 믿음, 요동치 않는 신앙을 가지고 계속 나아갈 수 있는 사람이 되기 위해서는 정상적인 영적 성장의 과정을 거쳐야 합니다. 많은 사람들이 영적인 상태가 시시로 오르락내리락하는 것을 봅니다. 스펀지처럼 물에 담그면 무거워졌다가 꼭 짜면 빈털터리로 가벼워지는 식의 신앙을 갖게 된 이유는 거듭나자마자 즉 영적으로 갓난아이로 막 태어난 이후에 정상적인 단계를 거쳐 성장하지 못하고 먼저 분주한 활동부터 했기 때문입니다. 어린아이가 미처 성장하기도 전에 일부터 시작했기 때문에 그런 것입니다. 간혹 일에 재미를 느끼기는 하겠지만 실제 충분한 영양을 공급받아 자라지 못했기 때문에 그 일을 계속 지속해 나갈 만한 능력이 없는 것입니다.

베드로전서 2:2 말씀에서는 "갓난아이들같이 순전하고 신령한 젖을 사모하라"고 하였습니다. 이 말씀에는 여러 가지로 묵상할 내용이 많습니다. 먼저 '갓난아이들같이'라고 한 말에 중요한 의미가 있다고 생각됩니다. 이 말씀은 우리가 예수님을 영접했을 때 자기 자신이 갓난아이라는 것을 믿고 인정해야 된다는 것을 가르쳐 줍니다. 사회적 지위가 아무리 높고 경험 혹은 지식이나 연륜이 아무리 풍부하더라도, 하나님 보시기에는 영적인 갓난아이인 것을 알아야 합니다. 갓난아이라면 젖 이외의 다른 것을 먹으려 하지 않습니다. 반면에 자신이 갓난아이라는 것을 인정하지 못하는 사람은 젖을 먹으려 하지 않고 다른 음식을 먹으려고 시도하다가 병에 걸리는 것입니다.

두 번째로 '순전하고 신령한 젖'의 의미를 잘 알아야 합니다. 오늘날 우리가 섭취하는 식품 중에는 그리 이롭지 못한 것이 많으며 먹어서 도리어 해가 되는 것도 많습니다. 방부제, 인공 색소 또는 심지어 농약까지 첨가된 것들도 있습니다. 빛깔도 곱고 맛도 그럴듯하지만 실상은 몸에 해로운 음식들이 많은 것입니다. 이런 것을 일일이 따져 보면 먹기가 두려운 음식들이 너무나 많습니다. 이처럼 오늘날 세대는 참으로 무서운 공해의 시대임을 우리는 알고 있습니다. 우유에도 인공적인 것들이 가미된, 문제가 있는 것들이 있습니다. 반면에 아무것도 첨가하지 않은 원래 그대로의 우유가 있는데, 이것을 일컬어 우리는 '순전한 젖'이라고 할 수 있습니다. '신령하다'라는 것은 다른 말로는 영적인 것이라는 의미입니다. 그러므로 '순전하고 신령한 젖'이란 다른 인위적인 요소가 전혀 들어 있지 않은 순수 무공해의 영적인 젖이라는 말입니다.

성경 말씀이 바로 이처럼 순전하고 신령한 젖입니다.

그러므로 말씀은 우리에게 참만족과 기쁨을 주며 또한 영적으로 온전하게 성장시켜 주는 양식이 됩니다. 그러므로 영적으로 건강하게 성장하기 위해서는 다른 것을 취하려 애쓰지 말고 이 성경 말씀 자체를 부지런히 섭취해야 합니다. 그러나 오늘날 그리스도인들은 이 면에서 참으로 혼돈되어 있는 것을 봅니다. 순전하고 신령한 젖보다는 다른 첨가물들이 가미된 것들을 선호하는 경향이 있기 때문입니다.

집에서 식사할 때 갓난아이가 엉금엉금 기어 와서 어른들이 먹고 있는 불고기를 잡아당겨 입에 넣으면 어른들이 "애, 참 똘똘하구나. 그거 정말 맛있고 영양이 많은 것이니까 많이 먹어라" 하고 말하며 그대로 둘 사람이 있겠습니까? 정상적인 생각이 있는 사람이라면 누구라도 얼른 빼앗을 것입니다. 이렇게 하는 것은 인정이 없어서가 아니라, 그것이 갓난아이에게 전혀 이롭지 않고 해가 된다는 것을 알기 때문입니다. 불고기가 갓난아이에게 이롭지 못하듯이, 영적인 면에서도 이 불고기에 해당하는 수많은 책들 또는 기타 여러 종류의 자료들이, 어떤 사람에게는 해로운 것이 아니라 할지라도, 어린 그리스도인의 영적 성장에는 방해가 되고 해롭기 때문에 조심해야 하는 것입니다.

그러므로 어린 그리스도인에게 성경 말씀보다도 다른

것들을 더 가까이하는 것은 잘못된 것이라고 경계하는 것은 깊은 사랑의 마음 때문인 것입니다. 때로는 싫어하는 경우도 많지만 말씀을 섭취할 것을 권하는 것은 그만큼 영적 성장에 중대한 영향을 끼치기 때문입니다. 이런 권면의 말을 들을 때 어떤 사람들은 자기를 무시하는 것으로 생각하며 기분 나쁘게 여기는 수가 있습니다. 그러나 우리는 무엇이든지 감정적으로 판단하고 결정하며 움직일 것이 아니라, 참으로 사랑의 관심으로 해주는 권면에 그 당시에는 이해가 되지 않더라도 순종해야 할 필요가 있습니다. 내 머리의 판단으로는 이해가 되지 않지만 말씀의 권위를 의지하여 따르는 것이 바로 참된 믿음이요 순종인 것입니다. 그러므로 정상적이고도 견고한 영적 성장을 위해 우리는 무엇보다도 먼저 말씀을 부지런히 섭취해야 합니다.

3. 승리의 무기

성경은 우리에게 승리를 가져다주기 때문에 또한 가치가 있습니다. 시편 37:31은 이렇게 말씀하고 있습니다. "그 마음에는 하나님의 법이 있으니 그 걸음에 실족함이 없으리로다." 실족지 않는 삶의 비결은 바로 하나님의 법을 마음에 두는 것이라고 했습니다. 마음에 야망이 있고 신념과 집념이 가득 차고 주도면밀하며 강하다고 해서 실족하지 않는 것은 아닙니다. 우리의 인간적인 판단이나 계획은 언제라도 잘못된 결과를 낳는 실수를 할 수가 있지만 영원하신 하나님의 법과 계획에는 실수가 없습니다.

다윗은 하나님의 말씀을 따라 살 때에는 비록 전쟁 경험이 부족한 소년임에도 불구하고 거대한 적장 골리앗을 물리칠 수가 있었습니다(사무엘상 17장 참조). 하나님을 신뢰하며 그의 말씀의 약속을 믿고 나아갔기 때문에 그렇게 할 수가 있었습니다. 그러나 그가 골리앗을 쳐부수는 경험까지 했지만, 나중에 한때 하나님의 말씀을 따라 살지 아니하고 자신의 판단대로 살 때에는, 마음에 두려움이 생겨 세상적 처세술을 따라 행동하다가 심지어는 거짓말도 하고 대문짝에 그적거리고 침을 흘리는 등 짐짓 미친 시늉을 하며 지내기도 하였습니다(사무엘상 21장 참조).

다윗도 그랬듯이 어느 누구를 막론하고 하나님의 말씀을 마음에 두면 요동치 않고 실족지 않지만, 그 말씀이 마음에서 사라지는 순간 그 사람은 마치 잘 돌아가던 녹음기에서 건전지를 빼내 버리는 것과 같이 영적인 힘을 잃고 기능을 발휘하지 못하게 되는 것입니다. 각 그리스도인의 마음에 있는 성경 말씀은 그가 영적으로 활발하게 살아가도록 해주며 또한 영적 전쟁에서 승리케 해주는 원동력이 되는 것입니다.

요한일서 2:14 말씀에서는 우리가 항상 전쟁을 하며 살고 있다는 것을 일깨우고 있습니다. "청년들아, 내가 너희에게 쓴 것은 너희가 강하고 하나님의 말씀이 너희 속에 거하시고 너희가 흉악한 자를 이기었음이라." 이 말씀은 우리가 항상 흉악한 자인 사탄과 매일 매순간 싸움을 하며 살고 있다는 사실과, 말씀이 우리 속에 거할 때 우리가 싸움에서 승리할 수 있다는 것을 가르쳐 줍니다. 그런데 사실 이 전쟁은 외부의 적과의 싸움보다는 우리 각자의 내부의 적과의 싸움이 더 심각한 것임을 보여 줍니다. 우리 속에 있는 육신의 정욕과 안목의 정욕과 이생의 자랑이 바로 우리가 싸우는 싸움의 상대입니다. 이 싸움에서의 승리를 위해 우리는 말씀으로 무장되어야 합니다. 에베소서 6:10 이후에서는 우리가 간교한 마귀와의 싸움에서 승리하기 위하여 하나님의 전신갑주를 입을 것을 가르쳐 주고 있는데, 특히 "구원의 투구와 성령의 검 곧 하나님의 말씀을 가지라"고 명하고 있는 17절 말씀은 하나님의 말씀이 바로 우리의 영적 싸움에서 승리의 무기가 됨을 가르쳐 주고 있습니다.

4. 삶의 인도자

우리가 여행할 때는 필요한 것들이 많이 있습니다. 특별히 잘 알지 못하는 곳을 여행할 때는 무엇보다도 안내자가 절실히 필요한 것을 경험하곤 합니다. 여행하는 곳의 상황을 잘 알고 안내해 줄 수 있는 사람이 없으면 적어도 지도라도 필요한 것입니다. 이런 자료가 없다면 도중에 길을 잃어버리든지 시간을 허비하는 수가 많습니다. 성경 말씀은 우리의 인생 여정에서 바로 이와 같은 지도로서 혹은 자상한 안내자로서의 역할을 해주기 때문에 귀한 가치를 지니고 있습니다. 성경 말씀은 우리 삶을 인도하되 아슬아슬한 벼랑 끝으로 인도하는 것이 아니라 잔잔한 물가, 쉴 만한 푸른 초장으로 인도하여 줍니다(시편 23편 참조).

시편 119:105 말씀에 보면, "주의 말씀은 내 발에 등이요 내 길에 빛이니이다"라고 하였습니다. 이 말씀을 묵상할 때, 야간에 자동차를 타고 깜깜한 도로를 달리는 경우를 상상해 보면 그 의미를 이해하는 데 도움이 될 것입니다. 이를테면 '내 발에 등'은 자동차 전조등 중 바로 앞쪽을 비춰 주는 하향등에 해당되고, '내 길에 빛'은 먼 곳을 확인해 볼 때 도움을 주는 상향등에 해당된다고 할 수 있습니다. 하나님의 말씀은 우리 삶의 현재와 가까운 장래의 문제는 물론 먼 미래의 문제까지 환하게 비춰 준다는 의미입니다. 또한 우리 삶의 크고 중대한 문제뿐만 아니라 사소하고 자질구레한 모든 문제들까지도 밝게 비춰 줍니다. 그러므로 하나님의 말씀의 밝은 빛을 따라 나가면

장애물에 걸려 실족지 않으며 안전이 보장된 길을 확신 가운데 달릴 수 있습니다. 여호수아 1:8에서도 "이 율법책을 네 입에서 떠나지 말게 하며 주야로 그것을 묵상하여 그 가운데 기록한 대로 다 지켜 행하라. 그리하면 네 길이 평탄하게 될 것이라. 네가 형통하리라"고 하였습니다. 말씀대로 행할 때 우리의 가는 길이 평탄하며 형통케 되리라고 약속하고 있습니다.

시편 119편은 하나님의 말씀이 어떻게 우리 삶을 인도하여 주는가를 묵상하며 하나님을 찬양하는 내용들로 가득합니다. 그중에서도 37절에서는 말씀이 우리를 유혹으로부터 인도해 내는 것을 보여 주고 있습니다. "내 눈을 돌이켜 허탄한 것을 보지 말게 하시고 주의 도에 나를 소성케 하소서." 42절에서는 하나님의 말씀이 우리를 훼방자로부터 보호하고 인도해 준다고 하였습니다. "그리하시면 내가 나를 훼방하는 자에게 대답할 말이 있사오리니 내가 주의 말씀을 의뢰함이니이다." 50절에서는 말씀이 우리를 여러 위험에서부터 온전하게 이끌어 준다고 하였습니다. "이 말씀은 나의 곤란 중에 위로라. 주의 말씀이 나를 살리셨음이니이다." 또 51절에서는 말씀이 교만한 자로부터 보호하며 인도하여 준다고 하였습니다. "교만한 자가 나를 심히 조롱하였어도 나는 주의 법을 떠나지 아니하였나이다." 54절에 보면 외로움 가운데서 인도해 주는 말씀이라고 하였습니다. "나의 나그네 된 집에서 주의 율례가 나의 노래가 되었나이다." 비록 몇 구절들만 찾아본 것이지만 이런 여러 경우들을 한마디로 요약하면, 성경 말씀은 크고 작은 인생의 모든 문제 가운데서 우리를 인도해 준다는 것입니다. 그러므로 성경 말씀은 올바른 인도자가 절실히 필요한 우리의 삶에서 그 어떤 것보다도 귀중한 가치가 있는 것입니다.

❄ ❄ ❄

귀한 것은 아무 데나 있는 것이 아닙니다. 들판이나 길에서 흔히 발견할 수 있는 것이 아닙니다. 귀한 것은 다슬기처럼 물가에서 쉽게 주울 수 있는 것이 아니라, 깊은 바닷물 속에 있어서 다이버들이 생명을 걸고 들어가야 비로소 건져 올 수 있는 진주와도 같은 것입니다. 돌은 어디서나 흔히 볼 수 있지만 금을 캐기 위해서는 생명을 걸고 깊은 땅속으로 파고들어 가야 합니다. 이처럼 귀한 것을 얻기 위해서는 무언가 헌신적인 투자를 해야 하는 것입니다. 우리가 귀한 성경 말씀을 우리 개인의 것으로 삼아 그 가치를 누리려고 할 때에도 이와 같이 값을 지불해야 합니다.

학교 공부나 그 밖에 개인의 취미 생활을 위해서는 수

많은 시간들을 들이고 엄청난 수업료를 지불하며 열심을 내지만, 하나님의 말씀을 공부하기 위해 시간을 내는 데에는 인색한 사람이 많이 있습니다. 우리는 과연 이처럼 귀한 성경 말씀을 배우기 위하여 어떤 수고를 하고 있습니까? "은을 구하는 것같이 그것을 구하며 감추인 보배를 찾는 것같이 그것을 찾으면, 여호와 경외하기를 깨달으며 하나님을 알게 되리니, 대저 여호와는 지혜를 주시며 지식과 명철을 그 입에서 내심이며"(잠언 2:4-6)라고 권면하신 바와 같이 감춰진 보배를 찾는 것과 같은 열심을 가지고 말씀을 배우는 데에 드려져야 할 필요가 있습니다. 그래야만 하나님의 지혜와 지식과 명철을 우리의 것으로 삼아 형통한 삶을 누릴 수 있습니다.

성경 말씀을 섭취하여 나의 것으로 삼는 데에는 여러 가지 방법이 있습니다. '말씀의 손' 예화는 우리가 성경 말씀을 섭취하는 다섯 가지 방법에 대하여 이해하는 데 도움을 주는 재미있는 예화입니다. 그중 엄지에 해당하는 방법은 묵상과 적용입니다. 묵상과 적용은 나머지 네 가지 방법으로 섭취하는 말씀이 우리 삶에 제대로 영향을 주도록 뒷받침해 주는 역할을 하기 때문입니다. 인지는 암송, 중지는 공부, 약지는 읽기, 그리고 새끼손가락은 듣기에 해당합니다.

한 손으로 성경책을 붙드는 장면을 상상해 보십시오.

성경을 잡을 때 어떤 손가락 하나로만 쥐려고 하면 제대로 잡지도 못하고 힘도 없습니다. 그러나 다섯 손가락으로 꽉 잡으면 힘있게 붙들 수 있어 놓치지 않습니다. 물건을 잡을 때 다섯 손가락 모두 중요하지만 그중에서도 가장 중요한 역할을 하는 것은 엄지입니다. 듣기, 읽기, 공부, 암송의 네 손가락으로 말씀을 섭취하고, 이 섭취한 말씀을 묵상하고 적용하는 엄지로 받쳐 줌으로써 말씀을 우리 삶에서 견고하게 붙들 수 있게 되는 것입니다. 듣기만 하고 적용이 없든지, 혹은 공부하거나 암송하고도 적용이 없으면 말씀의 지식은 늘지 모르지만 그것이 진정 자신의 것이 되지는 못하게 됩니다. 아는 것은 많되 행함이 없고, 그 결과 실질적인 삶의 변화가 없으면 교만하여지기만 할 뿐입니다. 이를테면 겸손에 대한 이론은 있으되 겸손하지는 않고 오히려 교만케 되어 버리는 것과 같습니다. 이렇게 되면 자신에게도 도움이 되지 않고 다른 사람에게도 덕이 되지 않습니다.

그러므로 들은 말씀이 있으면 그것을 반드시 묵상하고 적용하도록 하며, 읽은 것도 역시 묵상하여 적용하고, 또한 공부하거나 암송한 말씀도 묵상하고 적용하여, 마치 성경을 다섯 손가락으로 꽉 잡듯이 말씀을 섭취하고 붙들어서 말씀의 참가치를 개인의 삶에서 충만하게 누릴 수 있게 되어야 합니다.

* 네비게이토 소책자 시리즈 *

1. 성경암송을 통하여 주님께로 돌아오다 ························ 도슨 트로트맨
2. 시대의 요청 ·· 도슨 트로트맨
3. 재생산을 위한 출생 ·· 도슨 트로트맨
4. 수레바퀴 예화 ·· 네비게이토
5. 일대일 사역 ·· 잭 그리핀
6. 제자의 특징 ·· 론 쎄니
7. 하나님의 뜻을 아는 법 ·· 러쓰 존스톤
8. 기도의 하루를 보내는 방법 ······································ 론 쎄니
9. 기도 응답을 받는 방법 ·· 제리 브릿지즈
10. 경건한 여인 ··· 라일라 스팍스
11. 전도를 즐기는 삶 (영문판 : A Life That Enjoys Evangelism)······ 하진승
12. 섬김을 위한 부르심 ·· 레이 호
13. 정 직 ··· 헬렌 애쉬커
14. 그리스도를 닮아감 ··· 짐 화이트
15. 최후의 승리를 얻기까지 ·· 월터 헨릭슨
16. 전도의 열정 ··· 로버트 콜만
17. 영적인 의지력 ·· 제리 브릿지즈
18. 사고방식의 변화 ·· 조지 산체스
19. 대인 관계의 성서적 지침 ·· 조지 산체스
20. 말씀의 손 예화 ··· 네비게이토
21. 열 심 (영문판 : ZEAL)·· 하진승
22. 원만한 결혼 생활 ·· 잭 & 캐롤 메이홀
23. 조지 뮐러 ·· A.심즈
24. 말씀 중심의 삶 ··· 하진승
25. 주제별 성경 암송 제1권 ·· 네비게이토
26. 주제별 성경 암송 제2권 ·· 네비게이토
27. 주제별 성경 암송 제3권 ·· 네비게이토
28. 서로 돌아보아 ·· 하진승
29. 양 육 ··· 네비게이토
30. 경건이란 무엇인가 ·· 제리 브릿지즈
31. 권위와 복종 ··· 론 쎄니
32. 고난 중 도우시는 하나님 ·· 샌디 에드먼슨
33. 기도의 특권을 누리자 ·· 하진승
34. 은혜로운 말 ··· 캐롤 메이홀
35. 하나님을 의뢰함 ··· 제리 브릿지즈
36. 친밀한 부부 관계의 원리 ·· 짐 & 제리 화이트
37. 배우는 자로 살자 (영문판 : Live as a Learner) ···················· 하진승
38. 합력하여 선을 이루시는 하나님 ······························· 리처드 크렌즈
39. 고난 중의 소망 ··덕 스팍스
40. 청년의 시기를 어떻게 보낼 것인가 (영문판 : How to Live Out Our Youth) ··· 하진승

* 네비게이토 소책자 시리즈 *

41. 약속을 주장하는 삶 ············ 덕 스팍스
42. 경건의 시간을 갖는 법 ············ 워렌 & 룻 마이어즈
43. 개인의 중요성 ············ 론 쎄니
44. 헌 신 ············ 로버트 보드만
45. 내가 배운 교훈들 ············ 오스왈드 샌더스

46. 하나님의 말씀은 ············ 하진승
47. 현숙한 여인 ············ 신시아 힐드
48. 어떻게 친구를 사귈 것인가 ············ 제리 & 메리 화이트
49. 외로움을 느낄 때 ············ 엘리자베스 엘리엇
50. 하나님께서는 당신의 직업을 귀히 여기신다 ············ 셔먼 & 헨드릭스

51. 자녀의 자부심을 키워 주는 법 ············ 게리 스몰리 & 존 트렌트
52. 직장 생활에서 낙심될 때 ············ 덕 셔먼
53. 스트레스를 다루는 법 ············ 단 워릭
54. 서로 의견이 엇갈릴 때 ············ 잭 & 캐롤 메이홀
55. 그리스도인의 삶의 올바른 동기 ············ 하진승

56. 나를 기뻐하시며 사랑하시는 하나님 ············ 룻 마이어즈
57. 제자삼는 삶의 동기력 ············ 짐 화이트
58. 기도 - 보이지 않는 적과의 싸움 ············ 제리 브릿지즈
59. 효과적인 간증 ············ 데이브 도슨
60. 감격하며 살아야 할 그리스도인 ············ 하진승

61. 믿음의 경주 ············ 잭슨 양
62. 사도 바울의 영적 지도력 ············ 오스왈드 샌더스
63. CARE(서로 보살피는 부부) ············ 하진승
64. 참 특이한 기도(PPP : Pretty Peculiar Prayers) ············ 하진승
65. 모세의 순종 ············ 윙킴톡

66. 상급으로 주신 자녀 ············ 하진승
67. 하나님께서 쓰시는 사람 ············ 월터 헨릭슨
68. 기도의 본 ············ 워렌 & 룻 마이어즈
69. 다윗의 한 가지 소원 ············ 조이스 터너
70. 생명을 구하는 삶 ············ 피터슨 & 드렐켈드

71. 순종의 축복 ············ 마르다 대처
72. 참 좋으신 하나님 아버지 ············ 리로이 아임스
73. 하늘에 보물을 쌓는 삶 ············ 잭 메이홀
74. 거룩 : 하나님께 성별된 삶 ············ 헬렌 애쉬커
75. 가정의 중요성 (영문판 : Importance of Home & Family) ······ 하진승

76. 날마다 제 십자가를 지고 ············ 하진승
77. 제자의 올바른 태도 ············ 론 쎄니
78. 주님의 부르심을 따라가는 삶 ············ 하진승

하나님의 말씀은…

1993년 7월 5일 초판 1쇄 발행
2010년 5월 25일 개정 1쇄 발행
2021년 10월 15일 개정 4쇄 발행

펴낸곳: 네비게이토 출판사 ⓒ
주소: 03784 서울시 서대문구 연희로 16 (창천동)
전화: 02) 334-3305(대표), 334-3037(주문), FAX: 334-3119
홈페이지: http://navpress.co.kr
출판등록: 1973년 3월 12일 제10-111호
ISBN 978-89-375-0357-3 02230